REPUBLIQUE FRANÇAISE
VILLE DE REIMS
VOYAGE DE M. CARNOT dans l'EST
SOUVENIR DE LA VISITE de M. CARNOT Président de la République A REIMS
PROGRAMME
des FÊTES données en son HONNEUR
à REIMS, le 18 Septembre 1891
V. Rose
MATOT-BRAINE, Imprimeur-Libraire-Editeur
Henri MATOT, Fils & Successeur

# VINGT ANS APRÈS !

## NOTE DE L'ÉDITEUR

*Au lendemain du désastre de Sedan, Reims était occupé par l'étranger ; le sol Champenois était foulé par un ennemi implacable ; l'effondrement du pays remplissait nos âmes d'une douloureuse angoisse.*

*Aujourd'hui notre Armée est solidement reconstituée. Après 20 années de travail et de sacrifices, la France a dignement reconquis parmi les nations le rang qui lui appartient.*

*La vieille Cité rémoise, aujourd'hui ville frontière et capitale du Nord-Est, assiste avec orgueil à ce spectacle réconfortant du relèvement de la Patrie ; elle est fière de recevoir dans ses murs le premier Magistrat de la République.*

*Au retour d'une brillante revue, qui a terminé de savantes et mémorables manœuvres, en consacrant les progrès et la valeur de notre belle armée, la Ville entière salue respectueusement l'homme intègre et digne qui l'honore de sa visite.*

*C'est, pénétrée de ces souvenirs et de ces pensées, que la Population Rémoise, soucieuse de ses devoirs, dans la plénitude de sa liberté, se porte au-devant du petit-fils du Grand homme que ses Concitoyens ont appelé l'Organisateur de la Victoire.*

*Reims, Septembre 1891.*

# M. CARNOT

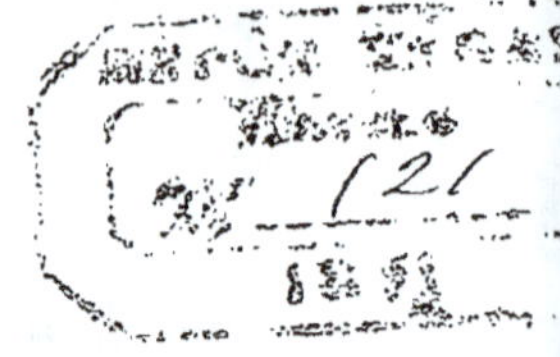

**La Famille Carnot. — Lazare Carnot « l'organisateur de la Victoire ». Son petit-fils, M. Sadi CARNOT, Président de la République Française.**

La Famille Carnot est, en France, une de celles qui possèdent la véritable noblesse, — la noblesse d'un cœur aimant ardemment le Pays et voué tout entier à ce culte patriotique. Depuis trois générations, ses nombreux représentants ont occupé des fonctions élevées dans la magistrature, dans l'administration, au Parlement, et deux d'entre eux, principalement, comptent parmi les Français les plus illustres : ce sont le grand-père et le père de M. Sadi Carnot, le Président actuel de la République Française, qui a suivi les nobles exemples d'honnêteté et de civisme que lui ont donnés ses aïeux.

Le grand-père de M. Sadi Carnot, Lazare Carnot, porte devant l'histoire le titre glorieux « d'organisateur de la victoire ». Il était issu d'une bonne famille de Bourgogne, dont le chef avait eu dix-huit enfants. Tandis que ses cinq frères choisissaient les carrières du droit, des sciences ou des lettres, Lazare Carnot entra à l'École du Génie militaire, et il fut nommé bientôt lieutenant, puis capitaine en résidence à Calais, à Saint-Omer, où il se maria. Dans cette dernière ville, il a laissé, après un si long temps écoulé, des souvenirs très vivaces. Il était recherché et estimé par la bourgeoisie éclairée qu'il fréquentait et dont les descendants prononcent encore son nom avec l'admiration que l'on éprouve à juste titre pour un concitoyen célèbre. Quand M. Sadi Carnot se rendit, il y a trois ans, à Saint-Omer, chacun lui rappela le séjour que son grand-père avait fait dans la ville, et la réception eut le caractère touchant d'une fête familiale.

Lazare Carnot fut envoyé à l'Assemblée législative de 1789 par les habitants de Saint-Omer ; il prit, dès le début, une part importante aux délibérations des députés. Il fit porter toute sa sollicitude sur la défense de notre territoire que les armées alliées enserraient de toutes parts, et il accomplit plusieurs missions en province, dans des camps où il s'efforça d'établir l'ordre en s'occupant toujours avec bonté de la misérable condition du soldat. Il fut ensuite élu membre de la Convention et sut s'y tenir à l'écart des partis qui se disputaient le pouvoir et dont les luttes furent si sanglantes. Son ambition était plus haute : il voulait défendre le sol national jusqu'au dernier souffle des patriotes, et quand il fut enfin appelé, par la Convention, à la direction des affaires militaires, son zèle, son activité, n'eurent pas de bornes : il mit sur pied quatorze armées qui tinrent tête à l'ennemi sur toutes les frontières, il alla lui-même, à Maubeuge, relever de son éloquence le courage des troupes, et il contribua grandement à cette mémorable campagne de 1793, où, en dix-sept mois, nos soldats remportèrent vingt-sept victoires, dont huit en bataille rangée, et ravirent 90 drapeaux aux alliés.

Pendant le concordat, Lazare Carnot fut encore ministre de la guerre, puis tribun ; il rentra dans la vie privée durant l'Empire ; mais il sollicita de Napoléon, à l'heure du danger, un poste d'honneur, et il alla prendre, en 1814, le gouvernement de la place d'Anvers. Il y tint bon jusqu'à l'abdication, épargnant aux habitants les hontes et les ruines d'une capitulation. Les Anversois lui en ont gardé une telle reconnaissance qu'un de leurs faubourgs porte son nom.

Sous le règne de Louis XVIII enfin, Lazare Carnot ne put demeurer en France, où il n'était pas en sûreté, parce qu'il avait fait partie de la Convention : il dut se réfugier en Pologne, puis à Madgdebourg où il mourut en 1823 et fut enterré. Ses cendres ont été ramenées de Magdebourg en grande pompe, en 1889 ; elles sont aujourd'hui déposées au Panthéon.

Tel est l'aïeul de M. Sadi Carnot ; son père, Hippolyte-Lazare Carnot, second fils de « l'organisateur de la victoire », a accompli une longue carrière politique, pendant laquelle il a servi uniquement la cause libérale et démocratique. Au sortir de l'Ecole de droit, il fit d'abord des études d'histoire, de sociologie, etc.; il fut membre influent de l'école Saint-Simonienne, qu'il considérait, de bonne foi, comme une institution poursuivant le but philanthropique le plus élevé ; puis, il fut nommé député et ministre de l'instruction publique en 1848. Son passage au ministère fut marqué par les plus louables efforts en faveur de l'édiction d'une loi d'instruction primaire gratuite, laïque et obligatoire. Après le 2 décembre, il refusa de prêter serment, comme député, au pouvoir nouveau, et il ne rentra au Corps législatif qu'en 1864 ; il fut maire du 8ᵐᵉ arrondissement de Paris pendant le siège et élu sénateur inamovible en 1875, après n'avoir jamais soutenu de ses votes que des propositions inspirées par le plus pur esprit républicain. Il était doyen d'âge du Sénat lorsqu'il est mort, à l'âge de 87 ans, en 1888. Son corps repose au cimetière du Père Lachaise.

Le second fils de ce ferme républicain est, comme on le sait, M. Sadi Carnot, Président de la République française ; son fils aîné, M. Adolphe Carnot, est ingénieur en chef des mines.

### La jeunesse de M. Sadi Carnot. — Sa carrière politique. — Son honnêteté proclamée à la tribune. — Son élection.

M. Sadi Carnot — qui porte le prénom d'un poëte persan, dont la signification est « plaisant, aimable », — M. Sadi Carnot est né le 11 août 1837, à Limoges, qui est très fière de cette naissance et qui a placé une plaque commémorative sur la maison où s'écoula l'enfance de M. le Président de la République.

M. Sadi Carnot entra à l'Ecole polytechnique à vingt ans avec le nᵒ 5. Il sortit premier de l'Ecole des ponts et chaussées ; il fut envoyé comme ingénieur à Annecy, et, dans les environs de cette ville, il exécuta divers travaux d'art considérables. Pendant la guerre, le gouvernement de la Défense nationale l'envoya comme commissaire extraordinaire dans la Seine-Inférieure, où il sut, par son attitude énergique, rehausser le courage des populations aussi longtemps que ce fut possible. Il se rendit ensuite à Bordeaux, auprès de Gambetta ; puis, le département de la Côte-d'Or le choisit pour l'un de ses représentants à l'Assemblée nationale.

M. Sadi Carnot, comme député républicain, se montra digne de son grand-père et de son père : il prit maintes fois l'initiative de la lutte contre la réaction, et s'associa à toutes les résolutions propres à consolider la République. Il fut président de la gauche républicaine qu'il avait contribué à fonder aux côtés de Gambetta, et, chaque fois qu'il prit la parole devant son corps électoral, il indiqua qu'à son sens le Parlement avait pour devoir de former dans son enceinte « une majorité qui pût assurer la réalisation des réformes nécessaires avec la stabilité du pouvoir et la confiance du pays dans son avenir. » C'était tracer, d'une façon très claire, un programme de gouvernement vraiment durable.

Les collègues de M. Sadi Carnot rendaient tous hommage à ses qualités de droiture et de bon sens politique ; il fit partie de plusieurs ministères. Il fut notamment ministre des travaux publics en 1880-81 et ministre des finances en 1885-86. C'est dans ce dernier poste qu'il donna le plus éclatant exemple de fermeté de caractère. M. Wilson, gendre de M. Grévy, insistait auprès de lui pour qu'il n'exigeât pas la restitution au Trésor des droits d'enregistrement dus par un de ses amis. M. Sadi Carnot resta sourd à toutes sollicitations et exigea que les comptes en souffrance fussent réglés intégralement ; il n'écoutait que sa conscience et se souciait peu de faire des mécontents. Ce trait de probité politique a été révélé à la Chambre, qui l'ignorait, le 5 novembre 1887, alors que M. Sadi Carnot n'était plus ministre. Il accrut encore l'estime que les hommes politiques professaient pour le député de la Côte-d'Or, et quand, en 1887, une crise très violente, à la suite du procès Wilson, amena la démission de M. Grévy, la candidature de M. Sadi Carnot à la Présidence de la République fut portée comme étant celle d'un homme qui alliait au plus beau passé historique, à la sincérité des convictions républicaines, le courage et la loyauté personnelle la plus rare.

Le Congrès fut convoqué à Versailles le 3 décembre 1887 ; il y eut deux tours de scrutin, MM. de Freycinet et Jules Ferry étant également candidats ; au deuxième tour, M. Sadi Carnot fut élu par 616 voix sur 827 suffrages exprimés. Cette nouvelle fut accueillie avec enthousiasme. L'élection du nouveau Président qui s'était tenu loin de toutes intrigues, mettait fin à des compétitions qui soulevaient le désordre dans la rue. Elle ramena donc la tranquillité dans Paris et laissa les affaires générales en bon état.

**Le caractère du Président. — Ses voyages. — Sa politique prudente.
Les résultats. — La France et l'Etranger.**

Depuis l'élection de M. Sadi Carnot, il est certain que cet apaisement des esprits, que son élection a produit, n'a fait que se confirmer de jour en jour. La caractéristique de la haute magistrature que M. Sadi Carnot exerce est précisément la confiance qui s'est peu à peu établie dans tout le pays, jusque dans les rangs des partis très hostiles à la République même. On sait que les destinées du pays sont remises à un homme qui a fait ses preuves de loyauté, et on ne redoute, avec lui, ni surprises, ni à-coups. On sent que les événements, à l'extérieur comme à l'intérieur, peuvent se dérouler normalement sous l'égide des lois strictement observées, strictement appliquées à tous. De favoritisme, d'influences particulières, il n'est plus question. La France honnête et laborieuse a le Président qu'elle mérite, — un Président qui a ses qualités nationales.

Cependant, cette correction d'attitude n'exclut pas chez M. le Président de la République la bonté et l'affabilité. M. Carnot a aussi ces dons du cœur et il le prouve largement. Il ne se contente pas de s'enfermer dans son rôle constitutionnel et il ne demeure pas impassible, à l'Elysée. Il comprend qu'il doit payer de sa personne et apporter sa pierre à la consolidation de l'édifice républicain. Il use, pour cela, de tous les moyens qui sont en son pouvoir, et il témoigne le plus vif intérêt à tout ce qui se passe dans tous les départements.

C'est ainsi que, tour à tour, M. Carnot a visité chacune des régions de la France. Il a répondu gracieusement aux invitations des municipalités de l'Est, du centre, de l'Ouest, de la Corse, qui célébraient un grand souvenir, qui fêtaient une grande date. Il est allé dans de toutes petites sous-préfectures réconforter de sa présence des municipalités républicaines qui soutenaient le bon combat contre la réaction ; il a porté aux quatre coins du pays des paroles de paix, de concorde et d'espérance dans la vitalité de la Nation. De cette tâche délicate, M. Carnot s'acquitte toujours avec un tact et une mesure admirables : il est généreux, il laisse une aumône dans tous les hospices, dans tous les bureaux de bienfaisance, — de même qu'à Paris M<sup>me</sup> Carnot secourt tous les indigents, habille et nourrit des fillettes d'ouvriers pauvres ; — il souscrit en faveur de toutes les infortunes, écoute toutes les requêtes et s'y intéresse réellement. Partout, son passage dans les grands centres a été, depuis trois ans, le signal d'une trêve générale des partis, — trêve qui s'est prolongée quelquefois après son départ.

Cette fois, en venant en Champagne, M. Carnot apporte à l'armée qui est la plus voisine de la frontière, un précieux encouragement à continuer sa tâche de sentinelle vigilante, toujours en alerte. Il peut faire cette visite sans que nul s'en offusque ou s'en inquiète au loin : grâce à lui, nous avons reconquis le droit d'être maîtres, chez nous, car les résultats de la direction ferme que M. Carnot sait imprimer à nos affaires politiques — sans sortir de ses attributions, — ces résultats sont la réduction sensible des forces monarchiques et le respect de l'Europe.

Ce respect s'est manifesté, ces temps derniers, par la superbe réception faite à Cronstadt, à Portsmouth, à nos marins. Les sentiments, les compliments affectueux que le Czar et la Reine d'Angleterre ont exprimés à M. Carnot, indiquent la haute estime où il est tenu. La France le sait, et elle ne laisse passer aucune occasion de lui en témoigner, par des vivats, sa reconnaissance.

PAUL BLUYSEN.

*(Article écrit spécialement à l'occasion de la visite à Reims*
*du Président de la République).*

Signature autographe
de
M. CARNOT

## Extraits des Discours de M. CARNOT

Tout homme a deux pays, le sien et puis la France.

*(Banquet des Maires de France, 18 août 1889).*

La République cent ans après 1789 est devenue la France même. Elle est le couronnement de notre immortelle Révolution.

*(Banquet des Maires de France, 18 août 1889).*

La salubrité des cités, l'amélioration de l'hygiène du peuple, l'assainissement de la demeure de l'ouvrier, comme de l'atelier, toutes les questions qui touchent à la santé du travailleur et à celle de l'armée, ont droit à la sollicitude d'un gouvernement démocratique, et à aucune époque elles n'ont été l'objet d'une étude plus attentive et de plus fructueux efforts.

*(Voyage dans le Midi. — Marseille, 1890).*

# NOTICE SUR REIMS

*Il n'est cité que je préfère à REIMS :*
*C'est l'ornement et l'honneur de la France ;*
*Car, sans compter l'ampoule et les bons vins,*
*Charmants objets y sont en abondance.*

LA FONTAINE, *Contes.*


*REIMS*, ancienne Capitale de la Gaule-Belgique, ville manufacturière et commerçante, est justement renommée pour son importante fabrication de *Mérinos* et *Tissus de Laine*, dits *Articles de Reims*, que produisent ses puissantes usines de peignage, de filature, de tissage, de teinture et d'apprêts ; son grand commerce de *Vins de Champagne*, de biscuits et pains d'épices ; ses fonderies, fabriques de savons, verreries, coffres-forts, vitraux, etc., etc.

Cette ville est l'un des cinq chefs-lieux d'arrondissement du département de la Marne, à 40 kilomètres N.-O. de Châlons, à 156 kilomètres N.-E. de Paris, à 221 kilomètres S. de Lille.

Entourée d'une enceinte formidable de forts, Reims est un point stratégique très apprécié ; elle tient la tête de cinq lignes de chemins de fer et se trouve classée la *12° ville de France* par sa population, qui est de 105,993 habitants (recensement de 1891).

Elle est située dans une plaine environnée de montagnes ou coteaux qui produisent d'excellents vins, à 86 mètres d'altitude moyenne au-dessus du niveau de la mer, par 1°44'49" de longitude Est, de 49°15'15" de latitude Nord ; elle est traversée du S.-O. au N.-E. par le canal de l'Aisne à la Marne et la rivière la Vesle, sur un parcours de 4 à 5 kilomètres environ.

Chef-lieu judiciaire du département de la Marne, et par conséquent le siège de la cour d'assises, elle possède une académie, une école de médecine et de pharmacie, un bureau municipal d'hygiène, trois hôpitaux, un lycée de garçons de première classe et un lycée de jeunes filles, une société industrielle avec cours gratuits de mécanique, de physique, de chimie, de fabrication de tissus, de comptabilité et de langues étrangères, une école municipale professionnelle de garçons et une de filles, une école régionale des arts industriels avec cours gratuits de dessin, un cirque, une école d'équitation, un manège, une succursale de la Banque de France, de nombreux comptoirs financiers, une Chambre de commerce et une Bourse (les seules établies dans le département), un marché important de ventes de laines de France, un conseil de prud'hommes, trois musées, une société d'histoire naturelle, une société des Amis des Arts, 11 sociétés musicales, 8 sociétés de gymnastique, 4 sociétés de tir et de nombreuses associations philanthropiques, une bibliothèque de 80,000 volumes et plus de 1,500 manuscrits, 2 salles de spectacle, une Caisse d'épargne, un mont-de-piété, etc.

La ville de Reims est divisée en 4 cantons, 3 justices de paix, 4 commissariats de police ressortissant d'un cinquième commissariat de police central établi à l'Hôtel de Ville.

On compte à Reims 125 établissements de préparation, fabrication et apprêts de tissus occupant 16,800 travailleurs des deux sexes ; 51 maisons de vins avec 6,000 ouvriers environ, et 3 verreries dans la région occupant 600 ouvriers.

# A RHEIMS

ŒUR de Rome, cité vénérable du Rême,
   Où le Sicambre dit à l'évêque : Je crois !
   Où le sol arrosé de l'huile du saint chrême,
Dix siècles fit germer le lys blanc de nos rois !

Pour les tours, ces Babels, pour les flèches, ces flammes,
Où Coucy prit la pierre et tordit le moellon,
Où le rude labeur trempe fortes les âmes !
Ville de saint Louis, de Colbert, de d'Erlon !

Reine des gras troupeaux que surcharge la laine,
Mère des vins joyeux que dore la clarté !
Toi qui verses, ô Rheims, de ta main toujours pleine,
Au pauvre la chaleur, au riche la gaîté !

Sacré soit le héros qui traça ton enceinte
Sur ton sol maigre et blanc, ville de nos aïeux !
Tant d'âges ont passé sur ta poussière sainte
Que leur aile effaça son pas mystérieux.

PRÈS de son aigle d'or, Rome, ta sœur jumelle,
   Vit accourir ton coq dans les jours hasardeux,
Et les enfants, unis à la fauve mamelle,
Sous ton arc triomphal boivent encor tous deux.

O Ville où chaque pierre est un fragment d'histoire,
Où le cœur de la France a battu tant de fois,
Que de nobles enfants, à l'hymne de ta gloire,
Du fond des siècles morts peuvent joindre leurs voix !

C'est Nicaise debout sous le fer du Vandale,
Remy versant l'eau sainte à l'aîné de nos rois,
Hincmar qui, le premier, dans la nuit féodale,
Comme aux rois de devoirs, parle aux peuples de droits.

C'est La Salle, ce doux Vincent de Paul des âmes,
Marlot éternisant les hauts faits des aïeux ;
C'est Gobelin jetant sur la laine des trames
La splendeur des forêts, des héros et des dieux.

C'est Coucy, Libergier, frères, dont le génie
Cisèle dans la pierre un rêve éblouissant,
Et dressant de tes tours la sublime harmonie
En fait vibrer l'accord aux pieds du Tout-Puissant.

Sinaï de la France, auguste tabernacle,
Où le pied sur la pourpre et la main sur la croix,
Vingt-six princes courbés dans l'ombre du miracle,
Agenouillés dauphins, se relevèrent rois ;

Où, sous le ciel d'azur de ta voûte sereine,
Parmi les hosannahs et les chants de bonheur,
Le vengeur étendard de Jeanne la Lorraine
Avec Charle monta de la peine à l'honneur !

TU sais aussi combattre, ô robuste ouvrière !
A l'orgueil d'Édouard ton bras forgea des freins ;
Et quand tes ducs au joug de leur crosse guerrière
Tentèrent d'assouplir la fierté de tes reins,

Alors on vous vit tous, ô vieux Rémois, ancêtres !
Au grand mot de « Commune ! » à la fois soulevés,
Arracher à la main tremblante de vos maîtres
Votre charte conquise et vos droits préservés.

Ah ! c'était bien ton sang qui battait aux artères
De ce dur travailleur, le fils du « Long vêtu »,
Du ministre au grand cœur de bronze, aux mains austères :
Le travail probe, Rheims, n'est-ce pas ta vertu ?

Il n'est pas d'alliage à l'or de ton commerce,
Et dans tes ateliers où tout un peuple sert,
Les dix mille métiers dont le rythme te berce
N'ont ralenti jamais leur éternel concert.

Pourtant tu sais au soir de tes rudes journées
Ecouter le poète et fêter le chanteur,
Et, comme les cités hellènes, tes aînées,
Poser un laurier d'or sur le front du lutteur.

Aussi je bois à toi, Rheims, perle de la France !
Où la mousse des vins pétille dans les yeux,
Semblable à ces seigneurs de la belle Florence,
Qui, laçant l'écritoire à leur pourpoint soyeux,

Aunaient velours de Flandre et lampas de Syrie,
Et le soir, oublieux des fatigues du jour,
Sur l'Arno qui berçait leur lente rêverie,
Chantaient les vers du Tasse et les refrains d'amour.

JE bois à toi, je bois à tes gloires antiques !
   A celles qui, demain, de tes flancs surgiront !
A tes palais nouveaux, comme à tes tours gothiques !
A ceux qui t'ont aimée, à ceux qui t'aimeront !

Que les jours à venir ne te soient pas rebelles !
Qu'ils croissent longs et doux, joyeux et triomphants !
Que tes fils soient vaillants, que tes filles soient belles !
Vis, prospère et grandis, Ville des « Bons Enfants » !

Henri RICHARDOT (Dachères).

*Toast porté au Dîner annuel des anciens Élèves du Lycée de Reims (ancien Collège des Bons Enfants), le 28 Avril 1888.*

AUX

# SŒURS DE CHARITÉ

## MAGASINS DE NOUVEAUTÉS

26 et 28, rue du Cadran-Saint-Pierre, et rue de Talleyrand, 38

## REIMS

LINGERIE, TROUSSEAUX, LAYETTES

MERCERIE, GANTERIE

## ARTICLES DE PARIS

PARFUMERIE

# Les Tissus de Reims (¹)

Reims a été de temps immémorial une ville de commerce et d'industrie. Située au milieu d'une contrée agricole d'une fertilité médiocre, où l'élevage du mouton formait un des principaux revenus des cultivateurs, à peu de distance des vignobles qui couvrent les coteaux de la Champagne, elle était naturellement destinée à devenir le marché des produits de la région et à en opérer la transformation.

L'importance de Reims a été aussi une conséquence du grand nombre de voies de communication qui, de tout temps, y ont abouti, depuis les chaussées romaines jusqu'aux chemins de fer, faisant de cette ville le grand carrefour de la région nord-est de la France. Une chose manquait cependant à Reims : une voie navigable. L'utilité en a toujours été si bien sentie que, dès le commencement du XVIᵉ siècle, la municipalité d'alors faisait étudier la question sur le petit cours d'eau de la Vesle. Aujourd'hui, le canal de l'Aisne à la Marne relie la ville, d'une part au bassin de l'Oise, au Nord, et d'autre part à la Marne, et conséquemment à la Seine.

Reims est donc à la fois un grand centre de production et de fabrication pour les industries textiles, avec ses étoffes de laine ; pour les industries alimentaires, avec ses vins de Champagne ; et un grand marché, grâce à sa situation centrale.

Dès l'époque de la conquête romaine, Reims fabriquait des tissus, ainsi que le constatent les témoignages de Pline et de Strabon ; mais c'était à la fabrication des étoffes de lin et de soie qu'était plus spécialement consacrée son activité.

C'est à partir de 1550 que l'industrie des tissus de laine semble avoir pris une importance dominante, tandis que la précédente tendait à disparaître. En 1686, la fabrication des draps occupait, d'après un recensement précédemment ordonné par Colbert, 1812 métiers ; en 1732, Reims et sa région fabriquaient plus de 100,000 pièces d'étoffe par an ; Reims seule comptait 1,360 maîtres et 3,000 ouvriers. Le traité de commerce de 1786 avec l'Angleterre, puis les guerres de la Révolution et de l'Empire, la diminution des exportations en Portugal et en Espagne, ses principaux débouchés jusqu'alors, arrêtèrent l'essor de l'industrie rémoise, qui reprit son élan, vers 1808, grâce à l'invention du tissu *mérinos*, créé en 1804 par la maison Jobert, Lucas et Cⁱᵉ, dont le directeur était M. Benoist-Malo.

Vers la même époque, la filature mécanique commençait à apparaî-

<hr>

(1) Documents fournis par M. Barbry, secrétaire de la Société industrielle de Reims.

tre en France. Ses premiers essais à Reims, en 1801, n'eurent d'abord pas de succès ; mais ce fut l'affaire de quelques années, et bientôt quelques filatures en cardé s'installèrent, notamment celle de la maison Jobert, Lucas et Cⁱᵉ, à Bazancourt, où se fit, en 1812, la première tentative de filature mécanique de la laine peignée. Cette dernière industrie reçut par la suite, à Reims même, ses perfectionnements les plus importants : des constructeurs s'établirent, et c'est à des Rémois : Dobo, Laurent, Carbon, puis plus tard Villeminot-Huart, Bruneaux et Pierrard-Parpaite, que sont dus les types de machines qui furent imités par les constructeurs d'Alsace, lorsque la cherté de la main-d'œuvre, et la rareté des ouvriers mécaniciens obligèrent l'industrie de la construction à déplacer ses ateliers.

Enfin, vers 1838, la maison Croutelle créait à Reims le premier tissage mécanique de la laine, et bientôt l'industrie prenait la physionomie qu'elle conserve encore aujourd'hui.

Indépendamment des nombreuses et importantes usines existant à Reims même, un grand nombre d'établissements situés dans les localités environnantes, à Rethel, dans la vallée de la Suippe, et même dans des départements plus éloignés, envoient leurs tissus sur la place de Reims, et les remettent en consignation dans des maisons de dépôt; celles-ci continuellement visitées par les courtiers et négociants, donnent directement à la teinture les tissus écrus, après vente ; les teinturiers les livrent ensuite aux négociants acquéreurs, ou les expédient directement à l'étranger.

L'importance de l'outillage industriel de Reims a augmenté dans des proportions considérables depuis la création des premières usines à moteur mécanique. En 1844, on comptait, à Reims, 27,000 broches de filature peignée ; tout le peignage se faisait à la main, la force motrice totale s'élevait à 750 chevaux. Aujourd'hui, tant à Reims que dans la vallée de la Suippe, le nombre des peigneuses est de 360, celui des broches de filature peignée est de 169,000 et celui des métiers mécaniques de 8,400.

De plus, environ 10,000 métiers mécaniques, répartis dans diverses localités, travaillent pour Reims et y écoulent la presque totalité de leur production ; une quantité considérable de broches en cardé, disséminées surtout dans les campagnes de l'Aisne et des Ardennes, alimentent la fabrication des flanelles et nouveautés. La force motrice qui actionne les usines de Reims même, atteint 5,000 chevaux, le nombre des ouvriers 25,000.

Les usines de teinture et apprêts pour tissus peignés et pour nouveautés sont puissamment organisées et ne redoutent plus la concurrence des usines de Suresnes et Puteaux, de Roubaix et de Sedan.

Il existe aussi d'importants établissements qui traitent la matière première, usines de lavage et d'épaillage chimique.

Enfin, à côté de ces industries sont venues se grouper naturellement celles des garnitures de cardes et peignes pour tissages qui donnent lieu à un chiffre d'affaires important, tant avec Reims qu'avec le dehors.

Il n'entre pas dans le cadre de cette brochure de donner la nomenclature de toutes les manufactures de Reims, nous donnerons seulement une courte notice sur l'usine qui a le grand honneur de recevoir, en 1891, la visite du Chef de l'Etat.

C'est une distinction dont ces industriels ne sauraient se montrer trop honorés ainsi que le personnel de leur établissement.

La Maison Noirot, Janson et C^ie a été fondée en 1853 sous la raison sociale Lelarge et Auger, à laquelle, en 1871, succéda M. Lelarge. La raison sociale actuelle Noirot, Janson et C^ie existe depuis 1886.

La production annuelle est de 65,000 pièces de tissus divers. La maison occupe 850 métiers mécaniques, et 750 métiers à la main ; elle possède, en outre, 7,500 broches de filature en laine cardée (1). Le nombre total d'ouvriers est d'environ 1,500.

Sa fabrication consiste en flanelle de santé en tous genres et en nouveautés et confections pour dames.

Récompenses obtenues : Paris 1855, médaille d'argent, 1867, médaille d'or ; Vienne 1873, médaille de progrès et décoration de la Légion d'honneur ; Paris 1878, rappel de médaille d'or ; Paris 1889, médaille d'or.

## Notice historique sur les Vins de Champagne

Les Vins de Champagne sont connus depuis bien des années ; ils sont appréciés et aimés par l'univers entier. Chantés par les poètes les plus en renom, ils ont fait le tour du monde.

Les vignes des coteaux champenois datent de la plus haute antiquité ; en l'an 530, Saint-Remy, le célèbre archevêque de Reims, en fait mention dans son testament. C'est surtout vers le xiv^e siècle que la plantation se fit sur une grande échelle. Dès lors, les Vins de Champagne sont offerts aux rois de France lorsqu'ils viennent se faire sacrer à Reims ; leur réputation alla tellement en grandissant qu'au xvi^e siècle quatre des plus puissants monarques de l'Europe : Charles V, François I^er, Henri VIII et le pape Léon X, possédaient des vignes à Ay, qui est l'un des premiers et des plus célèbres crus de la Champagne.

_______

(1) Indépendamment des nombreuses broches de filatures à façon, nécessaires à l'alimentation de cette très importante manufacture.

Henri IV, qui adorait le Vin de Champagne, prenait le titre de Sire d'Ay, et l'on montre encore aujourd'hui l'emplacement qu'occupait son pressoir dans la capitale du vignoble champenois.

Venceslas, roi de Bohême, était aussi un adorateur des Vins champenois.

Hautvillers, Ay, Cumières, furent tout d'abord en grand honneur; Saint-Thierry ne tarda pas à être en faveur; toutefois, les Vins de la rivière de la Marne précédèrent les Vins de la Montagne de Reims dans l'estime des gourmets.

C'est à Hautvillers, situé dans l'arrondissement de Reims, que se trouvait une célèbre Abbaye qui, d'après la légende, aurait été le berceau du Vin mousseux de la Champagne ; là résidait, vers la fin du xviie siècle, un moine du nom de Dom Pérignon, qui remplissait dans cette Abbaye les fonctions de *cellérier* ; c'est à lui qu'est attribuée la découverte de la mousse qui devait être, pour toute la région, une source inépuisable de richesse et de prospérité.

Cette découverte, due sans doute au hasard, repose sur la propriété fondamentale des Vins de Champagne, de conserver une grande partie de leur sucre naturel et de prendre mousse lorsqu'au printemps la sève se réveille et amène une nouvelle fermentation. Ce fut cette disposition spéciale aux Vins des coteaux champenois que Dom Pérignon découvrit le premier.

Sous le règne de Louis XIV, les Vins de la Montagne (comme on les nomme encore aujourd'hui) devinrent fort à la mode.

Saint-Evremont, écrivant à M. le duc d'Olonne, après un anathème peu justifié contre les vins de Bourgogne, disait : « Il n'y a pas de province qui fournisse de plus excellents Vins pour toutes les saisons que la Champagne. Elle nous donne du Vin d'Ay, d'Avenay, de Hautvillers jusqu'au printemps, et du Sillery et du Thaissy pour le reste de l'année. »

Le département de la Marne contient 15,000 hectares de vignes répartis de la manière suivante : — 1,602 dans l'arrondissement de Vitry-le-François, — 536 dans celui de Châlons, — 224 dans celui de Ste-Ménehould. Les arrondissements de Reims et d'Epernay renferment le surplus, savoir : — l'arrondissement de Reims 6,785 hectares et celui d'Epernay, 5,853.

Les seuls Vins utilisés par le commerce de la Champagne sont ceux que fournissent les arrondissements de Reims, Epernay et Châlons ; leur production annuelle s'élève en moyenne à 450,000 hectolitres, dont la plus grande partie est utilisée comme Vins mousseux. Le surplus fournit du Vin rouge qui se consomme dans le pays même.

Un extrait du tableau du mouvement des Vins mousseux que publie chaque année, depuis 1844, la Chambre de Commerce de

Reims donnera la preuve des progrès incessants de cette importante industrie.

Ainsi, dans le cours des années suivantes, le chiffre officiel de l'exportation et de la consommation en France s'est élevé, savoir :

En 1866-1867, à 13,502,229 bouteilles.   En 1884-1885, à 21,011,857 bouteilles
    1868-1869,    15,914,690    id.          1887-1888,    20,334,324    id.
    1872-1873,    22,381,838    id.          1890-1891,    25,776,194    id.
    1881-1882,    20,512,052    id.

Comme on le voit, malgré les nombreuses contrefaçons contre lesquels le commerce des Vins de Champagne a à lutter incessamment, sa prospérité se maintient et se développe d'année en année, et le vin de notre contrée reste toujours placé au premier rang des produits vinicoles de la France.

Les Vins de Champagne s'exportent dans tous les pays du monde; les contrées qui consomment le plus de Vins sont :

L'Angleterre et ses colonies, les Etats-Unis, l'Amérique du Sud, la France, l'Allemagne, l'Autriche-Hongrie, la Russie, la Suède-Norwège, la Belgique, etc. Toutefois l'importance des exportations se ressent assez sérieusement des tarifs de douane excessifs auxquels ils sont soumis aux Etats-Unis, en Russie, en Allemagne et en Autriche-Hongrie.

On ne peut évaluer à moins de 108,000,000 de francs le chiffre des ventes, et si ce commerce enrichit les maisons qui s'y adonnent, il n'est que juste de reconnaître qu'il amène dans les vignobles de la Champagne l'aisance et la fortune.

Les caves et celliers de la ville de Reims affectés à la manutention des Vins de Champagne occupent une superficie considérable, plusieurs de ces caves comportent un développement de 12 à 15 kilomètres. Parmi celles-ci, les plus pittoresques sont installées dans d'immenses carrières romaines creusées dans la craie ; nous citerons entr'autres les caves Veuve Pommery et Greno, George Goulet, Th. Roederer. Les maisons Vᵉ Clicquot-Ponsardin, Louis Roederer, Delbeck et Cⁱᵉ, Heidsieck et Cⁱᵉ, de Saint-Marceaux, G.-H. Mumm, Jules Mumm, Piper et Cⁱᵉ, Ruinart père et fils, Ch. Heidsieck, Henriot et Cⁱᵉ, Ernest Irroy, Krug, Barnett, etc., ont des caves en forme d'arceaux superposées de deux et trois étages.

Les grandes maisons de la Champagne, malgré les années difficiles, ont toujours eu à cœur de maintenir haut et ferme la vieille réputation de ce Vin dont les qualités inimitables sont dues, non à des artifices, mais à la nature spéciale du sol des cépages et à la situation géographique de l'ancienne Province de Champagne.

N.-Eᵤɢ. LE GRAND.

CAVES

VEUVE POMMERY & GRENO

Visitées par

M. CARNOT, Président de la République Française

Le 18 Septembre 1891

I

éni soit le Soleil, père de toutes choses,
  Qui, tout en s'occupant de nous faire des roses
  Avec son baiser d'or et ses rayons divins,
Trouve encore le temps de féconder les treilles
Dans la saison charmante et douce où les abeilles
Volent aux pampres, lourds du vieux renom des vins !

Mais surtout gloire à lui, gloire à l'œuvre féconde
Qu'il accomplit d'en haut pour la gaîté du monde !
Gloire à lui, quand versant partout l'ivresse à flots,
Il fait jaillir du sol qui s'entr'ouvre et qui fume
Les flots légers, les flots vivants, la blonde écume
Du champagne, à travers la chanson des goulots !

    Le meilleur vin reste un peu fade
    Quand on ne trinque qu'une fois :
    Vive la dernière rasade
    Qui fait trembler le verre aux doigts !
    C'est elle seule, ô doux mensonge,
    Qui peut, lorsque le rire a fui,
    Ressusciter le premier songe
    Et noyer le dernier ennui.

C'est pour la rasade suprême
Où l'on boit l'oubli tout entier
Que l'automne écrit le poëme
Des vignes bordant le sentier.
Le vent léger, à cause d'elle,
Caresse les pampres jaunis,
Et les grives battent de l'aile
Ne sachant plus où sont leurs nids.

Qu'un autre à ma place révère
Les sages qui font des discours !
Le temps s'en va, les jours sont courts ;
Buvons encore un large verre
A la santé de nos amours !


## II


Convives, soyons doux, puisque la vigne est douce !
Alors qu'elle frissonne en poussant ; ce qui pousse
Dans le fouillis des ceps tout plaqués de tons verts,
Ce n'est pas seulement la plante avec sa sève,
C'est aussi l'idéal et c'est aussi le rêve
Subitement éclos dans l'audace du vers.

Que de quatrains mignards ont déjà l'aile prise
Aux longs rameaux tordus effleurés par la brise !
Que de strophes demain remonteront aux cieux
Dans le matin vermeil, loin des regards profanes,
Après avoir trempé leurs plumes diaphanes
Dans le vin célébré par les bardes joyeux !

Chez nous, ô France maternelle
Qu'on n'évoque jamais en vain !
L'humanité, source éternelle,
Jaillit avec l'âme du vin.

Le champagne, que nous envie
L'Allemand méthodique et froid,
Met une espérance de vie
Dans le dernier verre qu'on boit.

C'est pour cette rasade seule,
Douce aux amants, chère aux amis,
Que la nature, bonne aïeule,
A créé les plaisirs permis.

Qui n'a sa petite faiblesse
A l'appel du désir moqueur ?
Quel est le vin qui ne nous laisse
Un peu d'azur au fond du cœur ?

Qu'un autre à ma place révère
Les sages qui font des discours !
Le temps s'en va, les jours sont courts :
Buvons encore un large verre
A la santé de nos amours !


- III


La Muse, qui couvrait son jeune front de gloire,
A vu plus d'une fois Hugo lui-même boire
Le champagne mousseux avec sérénité,
Tandis qu'en son cerveau tout vibrant de génie,
L'idylle voltigeait, pas encore finie,
Dans un demi-contour fait d'ombre et de clarté.

Et ce que tu créais en ces heures sacrées,
Champagne, ô doux berceur des syllabes dorées !
C'était de la justice et c'était de l'amour ;
Car tu collaborais avec l'homme sublime
Qui, démasquant l'intrigue et dénonçant le crime,
Chasse la nuit infâme et hâte le grand jour.

Quels flots de poussière on soulève
Quand on est poète ou guerrier !
Mais pour galoper dans le rêve
Il faut le coup de l'étrier.
Allons, femme, fais ta risette !
 L'enfant à son premier réveil
Aura du soleil dans la tête
Si le père a bu du soleil.

Chante, bon vieux ! ris, jeune fille !
Viens boire un petit coup, voisin !
Vers le champagne qui pétille
La coupe s'allonge à dessein.
Hébé, sans corsage ni guimpe,
Avec de l'aube dans les yeux,
Le verserait en plein Olympe
S'il restait encore des dieux.

Qu'un autre à ma place révère
Les sages qui font des discours !
Le temps s'en va, les jours sont courts :
Buvons encore un dernier verre
A la santé de nos amours !

Clovis HUGUES.

*(Pièce de Poésie ayant remporté le Prix d'honneur au CONCOURS POÉTIQUE sur le Vin de Champagne, organisé en 1884, à Epernay, par M. Armand Bourgeois.)*

# PROGRAMME OFFICIEL DES FÊTES

*données à l'occasion de la Visite de M. le Président de la République à Reims, le 18 Septembre 1891.*

## LE JEUDI 17 SEPTEMBRE

Distribution extraordinaire aux indigents par les soins du Bureau de Bienfaisance.

## LE VENDREDI 18 SEPTEMBRE

### A 9 heures 1/4 du matin

Arrivée de M. le Président de la République ;
Salves d'artillerie ;
Sonnerie des bourdons ;
Réception à la gare par la Municipalité.

### PARCOURS

| | |
|---|---|
| Place d'Erlon, | Rue des Tapissiers, |
| Rue de l'Étape, | Place Royale, |
| Rue de Talleyrand, | Rue Colbert, |
| Rue de Vesle, | Hôtel-de-Ville. |

### A 10 heures

Réception des autorités à l'Hôtel de Ville.

### A 11 heures

Sur la place de l'Hôtel-de-Ville, Défilé des Sociétés Rémoises.

### A 2 heures

Visite de l'Exposition Industrielle au Lycée ;
Visite de l'Établissement Industriel de MM. Noirot, Janson et Cie ;
Visite des Caves Pommery ;
Visite de l'Hôtel-Dieu ;
Visite à la Maison de Retraite ;
Visite au Groupe scolaire de Neufchâtel.

### PARCOURS

| | |
|---|---|
| Rue de l'Université, | Rue Chanzy, |
| Place Godinot, | Rue Libergier, |
| Rue du Levant, | Rue Tronsson-Ducoudray, |
| Boulevard Cérès, | Rue de Vesle, |
| Rue du Faubourg-Cérès, | Rue Saint-Jacques, |
| Rue Ruinart-de-Brimont, | Place Drouet-d'Erlon, |
| Boulevard Saint-Marceaux, | Boulevard de la République, |
| Rue Gerbert, | Place de la République, |
| Rue du Barbâtre, | Avenue de Laon, |
| Rue des Créneaux, | Rue de Neufchâtel, |
| Boulevard Gerbert, | Rue de Bourgogne, |
| Boulevard et rue Dieu-Lumière, | Avenue de Laon, |
| Place Saint-Timothée, | Place de la République, |
| Rue Saint-Julien, | Boulevard Lundy, |
| Place Saint-Remi, | Esplanade Cérès, |
| Rue Simon, | Rue Cérès, |
| Rue du Ruisselet, | Place Royale, |
| Rue Gambetta, | Rue de l'Université. |

*A 7 heures précises*

Banquet à l'Hôtel de Ville.

*A 9 heures*

Réception à l'Hôtel de Ville.

# SOIRÉE

Illuminations place Royale, rue Colbert, place de l'Hôtel-de-Ville, rue Thiers, square Colbert.

Illuminations des Promenades, de la place de la République à la Patte-d'Oie.

Bals publics au Kiosque des Marronniers et à la Patte-d'Oie.

*A 10 heures 1/2*

Départ de M. le Président de la République.
Salves d'artillerie.

## DIMANCHE 20 SEPTEMBRE

Bals publics à la Patte-d'Oie et au Kiosque des Marronniers

# EXPOSITION

## DES PRODUITS DE REIMS & DE LA RÉGION

Organisée sous les auspices de la Chambre de Commerce de Reims

## A L'OCCASION DE LA VISITE PRÉSIDENTIELLE

*au Lycée National de Reims, rue de l'Université, 74*

1ʳᵉ Section : **Spécialités diverses.** — 2ᵉ Section : **Laines, Fils et Tissus.** — 3ᵉ Section : **Économie Sociale.** — 4ᵉ Section : **Agriculture et Horticulture.** — 5ᵉ Section : **Industrie Vinicole.**

L'Exposition sera ouverte le Vendredi aux Exposants porteurs d'une Carte

*Entrée* publique et gratuite *les Samedi, Dimanche et Lundi de* **9** *heures à* **5** *heures.*

REIMS.— Imprimerie et Lithographie MATOT-BRAINE, (HENRI MATOT, Fils et Succ), Éditeur de l'*Annuaire des 50,000 Adresses de Reims, de la Marne, de l'Aisne et des Ardennes,* rue du Cadran-Saint-Pierre, 6. — *Usine à Vapeur.* — **TÉLÉPHONE, Reims-Paris.**

Tirage justifié, 25,000 exemplaires

191